COLLECTION DE M. G***

OBJETS D'ART

DE

CURIOSITÉ et D'AMEUBLEMENT

DE

L'EXTRÊME-ORIENT

<table>
<tr><td>Me P. CHEVALLIER
COMMISSAIRE-PRISEUR</td><td>M. ARTHUR BLOCHE
EXPERT PRÈS LA COUR D'APPEL</td></tr>
</table>

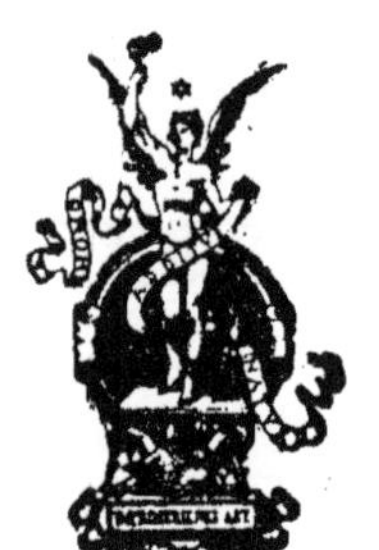

CATALOGUE

DES

OBJETS D'ART

DE

L'EXTRÊME-ORIENT

NOMBREUX GROUPES — STATUETTES — PIÈCES DE FORMES EN IVOIRE

ANCIENS ÉMAUX CLOISONNÉS

BRONZES — BOIS SCULPTÉS — OBJETS DÉCORATIFS DE TEMPLES

PAGODES, BOUDHAS

DEUX PRÉCIEUX BUSTES ANTIQUES DE DIVINITÉS EN GRANIT

Provenant des ruines d'Ang-Koor

PORCELAINES, FAIENCES, GRÈS

ARMES, ORFÈVRERIE, LAQUES, INCRUSTATIONS

MEUBLES EN BOIS SCULPTÉ ET EN LAQUE

Superbes Broderies anciennes

TENTURES, BANDEAUX, COSTUMES DE MANDARINS, ÉCRANS

Formant la première partie

DE LA COLLECTION DE M. G***

ET DONT LA VENTE AURA LIEU

HOTEL DROUOT, SALLE N° 1

Les Lundi 16, Mardi 17, Mercredi 18 et Jeudi 19 Novembre 1903

à deux heures

Mᵉ P. CHEVALLIER	**M. ARTHUR BLOCHE**
COMMISSAIRE-PRISEUR	EXPERT PRÈS LA COUR D'APPEL
10, rue de la Grange-Batelière	51, rue Saint-Georges

EXPOSITION PUBLIQUE

Le Dimanche 15 Novembre 1903, de 2 heures à 5 h. 1/2

CONDITIONS DE LA VENTE

Elle sera faite au comptant.

Les acquéreurs payeront *dix pour cent* en sus
des prix d'adjudication.

L'exposition mettant le public à même de se
rendre compte de l'état et de la nature des objets,
aucune réclamation ne sera admise une fois
l'adjudication prononcée.

Paris.—Imp. de l'Art, E. Moreau et Cᵢₑ, 41, r. de la Victoire.

DÉSIGNATION

IVOIRES

1 — Deux cornets en ivoire sculpté et gravé, offrant, en bas-relief, des scènes d'enlèvement et des combats de guerriers· l'expression des physionomies est très remarquable. Socles en bois noir laqué d'or.

2 — Paire de grands cornets en ivoire sculpté et gravé, décor en bas-relief de jeux et de combats d'enfants. Socles en bois des îles laqué d'or.

3 — Statuette en ivoire sculpté : jardinier tenant une tortue marine. Socle en ivoire gravé.

4 — Groupe en ivoire : singes regardant un kakémono.

5 — Porte-cartes en ivoire, incrusté de nacre,

de burgau et de jade, offrant, sur une face, une corbeille fleurie, et, sur l'autre face, des volatiles.

6 — Groupe en ivoire : le fumeur d'opium étendu sur une table.

7 — Groupe en ivoire : personnage portant un singe terrassant une pieuvre.

8 — Groupe en ivoire : chacal tenant une tête de mort entre ses pattes.

9 — Groupe en ivoire sculpté : l'Ile des Singes. Socle en bois de teck laqué d'or.

10 — Petit écran, à deux feuilles mobiles, en ivoire finement gravé, décor représentant des singes.

11 — Petit groupe en ivoire : le trésor volé.

12 — Petit groupe en ivoire : personnages conduisant un cheval. Signé.

13 — Statuette en ivoire : le fauconnier.

14 — Petit groupe en ivoire : nichée de rats sur une corbeille remplie de raisins.

15 — Petit groupe en ivoire : rats dans un panier.

16 — Deux vases cylindriques en ivoire, incrusté de nacre, de burgau, de corail et d'écaille, dessin à branchages fleuris, oiseaux et papillons. Socles en bois, à ornements laqués d'or; couvercles en bois avec boutons, forme souris et crabe.

17 — Paire de petites bouteilles en ivoire, décor sculpté en relief à personnages.

18 — Vase à deux anses en ivoire sculpté, décor offrant, d'un côté, des personnages regardant une divinité debout sur un dragon, et, de l'autre côté, une femme chassant le démon; couvercle surmonté d'un petit vase avec dragon enroulé. Socle en bois sculpté, avec appliques d'ivoire.

19 — Groupe en ivoire : singes jouant avec un étendard fleuri.

20 — Petite boîte en ivoire sculpté, décor en bas-relief représentant des pêcheurs; composition de sept personnages.

21 — Groupe en ivoire : paysanne et deux enfants. Signé.

22 — Vase en ivoire sculpté, décor à cigognes et
cailles au milieu de branchages, anses à têtes
d'éléphants avec anneaux mobiles, couvercle
en bois de fer, surmonté d'un chien de Fô en
ivoire.

23 — Groupe en bronze : le Dieu de la pêche,
représenté debout sur un poisson; près de
lui, un pêcheur.

24 — Groupe en ivoire sculpté : éleveur de grenouilles.

25 — Groupe de deux démons en ivoire sculpté,
l'un tenant un maillet.

26 — Groupe en ivoire : bonze et enfant tenant
des éventails.

27 — Joli écran en ivoire sculpté, offrant sur les
deux faces des incrustations de nacre, de jade
et d'autres matières précieuses, dessin à cigognes et oiseaux dans un paysage.

28 — Petit écran en ivoire, incrusté de nacre, de

burgau et laqué d'or, oiseaux, hibou et branchages dans un paysage; monture sculptée et
gravée.

29 — Écran en ivoire sculpté, offrant en bas-relief un groupe de quatre enfants jouant; au
revers, oiseau et fleurs gravés; fronton à
oiseau de paradis, pieds formés par des
singes.

30 — Écran en ivoire finement sculpté, offrant
en relief, sur une face, une troupe de musi-
ciens et, sur l'autre, une troupe de chanteurs;
monture gravée à fleurs et feuillages.

31 — Groupe en ivoire incrusté de nacre et de
pierreries, représentant un éléphant portant
une tourelle ornée de pampilles sur laquelle
se trouvent deux petits personnages.

32 — Groupe de trois personnages en ivoire
sculpté, représentant des cercleurs de ton-
neaux. Signé.

33 à 36 — Quatre bonbonnières rondes en ivoire
laqué d'or, dessin à volatiles.

37 — Groupe en ivoire incrusté de nacre : femme
et enfant dans un pousse-pousse.

38 — Groupe en ivoire : scène d'acrobatie, personnages et deux démons, sur socle à galerie.

39 — Petit groupe équestre : famille de paysans à cheval, sur socle gravé. Signé.

40 — Petit groupe de quatre enfants jouant, en ivoire sculpté. Signé.

41 — Deux crabes articulés en ivoire, dessus formant bonbonnières. Pièces curieuses.

42 — Boîte à gants en ivoire sculpté à nombreux petits personnages, pagodes et animaux.

43 — Trois boites ovales en ivoire, décor laqué d'or à volatiles et poissons.

44 — Porte-cartes en ivoire, offrant, d'un côté, en bas-relief une réunion de sept personnages et, sur l'autre face, une branche fleurie en incrustation de nacre.

45 — Porte-cartes en ivoire sculpté, offrant sur chaque face des compositions à personnages sous des bambous.

46 — Pot avec couvercle en ivoire sculpté, décor représentant des perdrix dans un champ de maïs; couvercle couronné d'un groupe de perdrix.

47 — Petit coffret rectangulaire en ivoire sculpté
à petits personnages et pagodes.

48 — Boîte en ivoire sculpté à personnages assis,
causant dans un paysage sous des berceaux
fleuris ; couvercle gravé.

49 — Coffret à bijoux, forme rectangulaire, en
ivoire finement sculpté, dessus à branchages
de fleurs épanouies ; intérieur en satin vert.

50 — Deux soucoupes en ivoire, incrusté de
nacre et de burgau, offrant une fillette jouant
avec un chat et un petit garçon dressant un
oiseau. Travail très fin.

51 — Groupe en ivoire : divinité, pieuvre et
singe.

52 — Rat sur feuille et rongeant des fruits, en
ivoire.

53 — Petit groupe en ivoire : enfant et personnage tenant un maillet sur lequel est perché
une souris.

54 — Statuette en ivoire : guerrier assis sur un
tabouret, tenant un éventail.

55 — Poignard à lame courbe, avec poignée et fourreau en ivoire finement sculpté, à réunion de mandarins et de dames de qualité dans des palais.

56 — Poignard en ivoire sculpté, offrant des assemblées de personnages dans un paysage.

57 — Poignard en ivoire sculpté, décor de personnage tenant une gourde et enfants jouant.

58 — Petit plat ovale en bois doré, à guerriers buvant assis près d'une table, en application d'ivoire.

59 — Groupe en ivoire : singe debout sur une grenouille et portant un chou rempli de grenouilles.

60 — Petit groupe en ivoire : deux personnages et un enfant près d'une fontaine. Signé.

61 — Brûle-parfum ovale à anses chimériques en ivoire sculpté à petits personnages en bas-relief; couvercle surmonté d'une figurine. Signé.

62 — Vase en ivoire sculpté, décor en relief à

personnages et divinité, anses en crosse ; couvercle surmonté d'un enfant tenant une gourde.

63 — Petit écran en ivoire teinté rouge et laqué d'or, décor de paysages avec volatiles finement gravés et réservés en blanc.

64 — Petit groupe équestre : personnage à cheval tenant une racine.

65 — Groupe : marchand de thé et enfant.

66 — Groupe de trois personnages : femme offrant de l'eau de riz. Signé.

67 — Groupe : combat de singes et d'aigle.

68 — Groupe : rats dévorant une tête de poisson.

69 — Petit groupe : personnage tenant un balai près d'un pot avec plantes regardant un serpent et un rat sur une porte en bambou.

70 — Grande barque avec personnages prenant leur repas.

71 — Petite statuette : jeune garçon coupant un chou.

72 — Groupe : poisson, monstre et coquillage.

73 — Petit groupe : bûcheron, enfant et lapin. Signé.

74 — Grand groupe : deux bonzes et démon. Pièce importante, remarquable par l'expression des physionomies.

75 — Petite jonque contenant cinq personnages en ivoire sculpté et incrusté; proue à tête d'aigle.

76 — Petite barque avec sept personnages en ivoire sculpté.

77 — Petite jonque en ivoire, contenant trois personnages.

78 — Petit groupe en ivoire : personnage près d'un tronc d'arbre sur lequel se trouve un bol; socle avec pieds forme fruits.

79 — Petite statuette en ivoire : buveur de saké.

80 — Petit groupe en ivoire : personnages arrêtant un cheval sur lequel se trouve un singe.

81 — Petit groupe en ivoire : le teinturier; sur socle forme rocher.

82 — Groupe en ivoire : femmes martellant.

83 — Groupe en ivoire : Dieu dompteur près d'un tigre.

84 — Groupe en ivoire : enfant et personnage tenant une corbeille.

85 — Petit groupe en ivoire : acteur accroupi tenant un masque.

86 — Petite statuette en ivoire : bonze debout, caressant sa barbe.

87 — Groupe en ivoire sculpté : bonze terrassant deux démons.

88 — Petite statuette en ivoire : divinité guerrière. Signée.

89 — Petit groupe en ivoire fumé : enfant jouant avec un cerceau, suivi d'un chien.

90 — Groupe en ivoire : chevreuils.

91 — Petit groupe : homme et enfant tenant un cochon d'Inde près d'une cage.

92 — Statuette en ivoire : bonze debout.

93 — Porte-cartes en ivoire sculpté, en relief, à figures de femmes sous une ombrelle.

94-95 — Deux groupes en ivoire : pêcheurs et enfants, dont un avec socle.

96 — Petit groupe en ivoire : aigle et aigrette.

97 — Petite statuette en ivoire : Pêcheur. Signée.

98 — Petit groupe en ivoire : perdrix près d'un fruit. Signé.

99 — Deux pitongs en ivoire sculpté, décor en relief représentant des bonzes dans des paysages. Socles en bois, rehaussé de laque d'or.

100 — Paire de cornets en ivoire sculpté, en relief, offrant des personnages dessinant et écrivant ; près d'eux, des cigognes. Socles en bois laqué d'or.

101 — Deux cornets, forme poissons, en ivoire sculpté. Sur socles adhérents.

102 — Deux petits cornets en ivoire, dessin en laque d'or, offrant des paons, des faisans et autres volatiles. Socles adhérents en ivoire ajouré.

103 — Groupe en ivoire : Démon apparaissant à
un homme nu.

104 — Boîte haute en ivoire, décor en relief,
représentant des comédiens dans un paysage.

105 — Bonbonnière ronde en ivoire sculpté,
représentant en relief des bonzes, et sur le
couvercle trois personnages.

106 — Pot à tabac en ivoire sculpté, en relief, à
personnages dans une barque et au bord d'un
fleuve, sous un bosquet; couvercle surmonté
d'une figurine tenant un masque. Signé.

107 — Pot à tabac en ivoire sculpté, décor de trois
personnages dans un paysage. Socle et couvercle en bois.

108 — Pot à tabac en ivoire finement sculpté,
décor en relief à divinité, dragons, personnages et génies. Socle et couvercle en bois de
fer sculpté, orné d'ivoire. Signé. Pièce inté-
ressante.

109 — Pot à tabac en ivoire sculpté, décor en
relief à nombreux paysans; couvercle à
figure de femme.

110 — Boîte en ivoire laqué d'or et incrusté de nacre, de burgau et d'ivoire teinté, dessin très fin, à petits branchages fleuris, insectes et perdrix.

111 — Pot à tabac en ivoire sculpté, décor en relief représentant des personnages jouant avec une cigogne; couvercle à figure d'enfant tenant un masque.

112 — Petite potiche en ivoire sculpté, avec chimères et chiens de Fô en haut relief.

113 — Deux petits tubes en ivoire, décor à réserves de personnages et pagodes. Socles adhérents ajourés.

114 — Petite sébille en ivoire, bordure extérieure et fond à petits personnages et paysages en relief.

115 — Petite sébille en ivoire sculpté, décor à fleurs.

116 — Petite potiche en ivoire sculpté, offrant en relief des réunions de divinités et orné d'un écusson gravé.

117 — Deux petites coupes sur piédouches en

ivoire, incrusté de nacre et laque d'or, à corbeille, fleurs et feuillages.

118 — Petit pitong surbaissé en ivoire, décor de démon, oiseau et singe en relief.

119 — Boîte plate, forme rectangulaire, en ivoire, incrusté de nacre et d'autres matières précieuses, dessin à cigognes et branchages fleuris, d'une délicatesse remarquable.

120 — Statuette de jeune Japonaise en costume, à décor gravé et épingles dans les cheveux.

121 — Statuette en ivoire : marchande de fruits.

122 — Écran en ivoire, finement incrusté de nacre, d'écaille et de jade, rehaussé de laque d'or, dessin offrant, d'un côté, un canard, et, de l'autre, un faisan dans des paysages fleuris.

123 — Petite statuette en ivoire : femme nue portant une gourde. Pièce rare.

124 — Statuette en ivoire : homme debout tenant un bâton.

125 — Très petite statuette de singe, portant un poisson, en ivoire.

126 — Axis en ivoire.

127 — Deux petits cornets en ivoire, décor gravé à figures de femmes et branchages laqués d'or. Socles en bois noir.

128 — Vase en ivoire sculpté et ajouré, décor à branchages fleuris.

129 — Plateau rectangulaire en bois de teck, orné d'applications d'ivoire, dessin représentant un bonze, un enfant et des oiseaux.

130-154 — Cent trente-six netzukés et petits groupes en ivoire finement sculpté, ajouré et évidé, représentant des petits personnages, des animaux, des fleurs, etc. Travail des meilleures époques.

155-160 — Trente-six netzukés en bois sculpté et laque, représentant des sujets divers ; très délicat comme travail.

ÉMAUX CLOISONNÉS

161 — Vase, forme boule, en ancien émail cloisonné fond bleu turquoise à branches de

fleurs et papillons, couvercle surmonté d'une perdrix, anses et pieds en cuivre ciselé et doré, forme de lézards et têtes de chimères. Chine.

162 — Jardinière ovale en émail cloisonné, décorée à l'intérieur comme à l'extérieur de branchages fleuris, papillons et oiseaux sur fond bleu turquoise, anses en bronze doré forme lézards. Chine.

163 — Paire de vases en ancien émail cloisonné, fond bleu turquoise à décor de papillons voltigeant au milieu de nombreuses fleurs et grappes de raisin. Chine.

164 — Brûle-parfums en ancien émail cloisonné, à décor d'entrelacs fleuris, anses en crosses, couvercle surmonté d'un groupe de dragons au milieu de nuages en cuivre ciselé et doré ; posant sur trois pieds à têtes de chiens de Fô. Provient du Palais d'Été.

165 — Deux aiguières et leurs bassins en ancien émail cloisonné, fond bleu turquoise à volatiles au milieu d'arbustes fleuris, dragons et papillons. Proviennent du Palais d'Été.

166 — Grande cassolette, de forme lenticulaire, en ancien émail cloisonné, décorée à l'extérieur et à l'intérieur de branchages fleuris, de dragons et d'oiseaux fantastiques sur des fonds de diverses nuances ; montée sur pied en bois de fer sculpté et ajouré. Chine.

167-168 — Deux brûle-parfums, de formes différentes, en ancien émail cloisonné, fond bleu turquoise, à décor de fleurs, monture en bronze poli et gravé, anses à oiseaux, couvercles à dragons en furie, pieds à trompes d'éléphants. Chine.

169 — Jardinière rectangulaire en ancien émail cloisonné, décor de paysages montagneux sur fond de mosaïque, posant sur quatre pieds d'angle en cuivre doré. Chine.

170 — Grande cassolette, de forme lobée, en ancien émail cloisonné, décor à l'extérieur et à l'intérieur offrant des objets d'ameublement, vases, brûle-parfums, coupes à sacrifice en polychrome sur fond bleu turquoise et rosaces fond noir. Chine.

171 — Deux bols en ancien émail cloisonné, décorés à l'intérieur et à l'extérieur de papil-

lons et de fleurs sur fond bleu turquoise, bordure à lambrequins. Chine.

172 — Deux bonbonnières rondes en ancien émail cloisonné, fond bleu verdâtre à branchages fleuris. Japon.

173 — Deux tubes en ancien émail cloisonné, offrant des réserves gros bleu sur fond vert et décorés de vols de papillons et arbustes. Japon.

174 — Deux soucoupes rondes en émail cloisonné, décor à branchages de fleurs et oiseaux, rosace centrale fond rose, bordure gris perle. Japon.

175 — Paire de vases en émail cloisonné, fond bleu turquoise à décor d'oiseaux, papillons et branchages fleuris, panses sphériques, cols à bourrelet, anses à têtes de chimères tenant des anneaux mobiles en cuivre doré. Chine.

176 — Paire de petites jardinières en émail cloisonné, décoré de branches fleuries sur fond bleu turquoise. Japon.

177 — Deux tubes en émail cloisonné, décor à réserves bleues de feuillages et fleurs sur fond vert pré. Chine.

178 — Paire de vases en émail cloisonné, décoré d'oiseaux de paradis sur fond aventuriné d'or, cols à lambrequins, anses à anneaux mobiles en cuivre. Japon.

179 — Paire de très petites bouteilles en ancien émail cloisonné, fond bleu à fleurs, panse ornée d'un cercle d'arabesques sur fond blanc. Pieds en bois sculpté. Chine.

180 — Paire de vases en émail cloisonné, offrant des médaillons de fleurs sur fond blanc, cols et bases fond bleu turquoise. Japon.

181 — Paire de vases en émail cloisonné, offrant des médaillons bleu turquoise à fleurs sur fond noir, bases et cols fond bleu. Japon.

182 — Deux petites bouteilles en émail cloisonné, panses fond bleu, cols fond noir, à fleurs. Chine.

183 — Paire de flambeaux en ancien émail cloisonné, décor de branchages fleuris sur fond bleu turquoise. Chine.

184 — Grande cassolette en émail cloisonné,
fond bleu turquoise, à branches de fleurs,
paon, oiseaux, papillons et entrelacs, décor
extérieur et intérieur, bordure à lambrequins
fond noir et brun, couvercle orné d'un bou-
ton. Chine.

185 — Cassolette, de forme lenticulaire, en
émail cloisonné, riche décor à branches de
fleurs épanouies, cailles et papillons en polychrome sur fond bleu turquoise; bordure
fond brun. Japon.

186 — Paire de grandes bouteilles en ancien
émail cloisonné, décor offrant des branchages
de chrysanthèmes, des oiseaux et des papillons sur fond bleu turquoise. Chine. Belle
qualité.

187 — Paire de vases en émail cloisonné, fond
noir à fleurs, avec réserves bleu verdâtre, sur
pieds en bois noir. Japon.

188 — Brûle-parfums, forme ovoïde, en ancien
émail cloisonné, fond bleu turquoise, décor
chrysanthèmes et lambrequins, pieds, anses
et couvercle en bronze ciselé, à têtes d'élé-

phants, lézards et dragons, pied en bois de fer sculpté. Chine.

189 — Deux bouteilles en émail cloisonné, les panses fond rose et les cols fond bleu turquoise, décor de branchages fleuris et papillons. Chine.

190 — Paire de bouteilles en ancien émail cloisonné, décor à branches de chrysanthèmes et papillons sur fond bleu turquoise, bordure fond rouge, cols ornés d'entrelacs fleuris. Chine.

191 — Brûle-parfums en émail cloisonné, fond bleu turquoise, décor offrant des personnages dans diverses poses au milieu de nuages, pieds à têtes d'éléphants, monture et couvercle ajouré en bronze, représentant un dragon en furie; anses à lézards. Décor rare. Provient du Palais d'Été.

192 — Paire de grosses potiches en émail cloisonné, à réserves bleu turquoise, décoré de volatiles et de fleurs sur fond gros bleu, orné de dragons, couvercles surmontés de boutons sphériques, pieds en bronze doré. Japon. Qualité rare.

193 — Service de fumeur en cuivre, composé de cinq pièces, décor de rosaces et entrelacs fleuris en émail cloisonné. Japon.

194 — Paire de vases de même travail.

195 — Paire de vases en émail cloisonné, décor à médaillons fond noir, à fleurs sur fond bleu et polychrome, longs cols évasés dans le haut. Japon.

196 — Paire de cornets en émail peint, à réserves de personnages sur fond bleu fleuri. Annam.

197 — Paire de vases en ancien émail cloisonné, décor branches fleuries, oiseaux et papillons sur fond bleu turquoise; bordure à lambrequins. Chine.

198-199 — Deux coffrets rectangulaires en émail cloisonné, décor à dragons, oiseaux fantastiques et carrelages, couvercles offrant des paysages animés de personnages avec vues de montagnes. Japon.

200 — Deux jardinières en ancien émail cloisonné, fond noir, bordure à lambrequins sur fond rouge corail. Japon.

201 — Plat rond et creux en ancien émail cloisonné, décoré de perroquets et de pivoines en polychrome sur fond bleu. Chine.

202 — Plat oblong en ancien émail cloisonné, décor à objets d'ameublements sur fond vert ; bordure rouge à fleurs, revers à branchages et jetés de fleurs sur fond bleu turquoise. Chine.

203 — Deux coupes à sacrifice en ancien émail peint, fond bleu turquoise à guirlandes de fleurs, pieds à têtes d'éléphants. Annam.

204 — Deux ibis en ancien émail cloisonné, décor fond bleu turquoise à fleurs. Chine.

205 — Petit bol et son présentoir en émail peint à fleurs sur fond bleu. Annam.

206 — Grand plat rond en ancien émail cloisonné, à décor de faisans sur fond vert ; bordure extérieure à fleurs. Japon.

207-208 — Deux grands plats ronds et creux en ancien émail cloisonné, décorés intérieurement et extérieurement de nombreux papillons et fleurs en polychrome sur fond bleu turquoise. Chine.

209 — Plat rond en ancien émail cloisonné, offrant un oiseau de paradis perché sur un rocher et entouré de branchages richement fleuris, décoré à l'extérieur de fleurs sur fond bleu turquoise. Chine.

210 — Aiguière en émail peint fond bleu, avec réserve de personnages. Annam.

211 — Petit vase en émail peint, à réserves de personnages sur fond vert clair, décoré d'enlacs fleuris. Annam.

BRONZES

212 — Deux bonzes accroupis, tenant un rouleau de la main droite, en bronze. Japon.

213 — Cassolette en bronze, forme chimère. Chine.

214 — Guerrier tenant une divinité dans ses bras, posée sur un socle ornementé en bronze finement ciselé, patine foncée. Chine.

215 — Jardinière complétée par un couvercle,

forme arbuste, en bronze gravé et frotté d'or,
décor à vol de cigogne au milieu des nuages.
Japon.

216 — Brûle-parfums, forme chien de Fô, tenant
une boule ajourée, en ancien bronze. Chine.
Socle en bois noir ajouré.

217 — Brûle-parfums en ancien bronze, incrusté
d'or et niellé d'argent, décor en relief à combats d'animaux, anses à têtes de chimères;
couvercle surmonté d'un quadrupède à tête
de dragon, posant sur socle en bronze à anneaux mobiles. Japon.

218 — Divinité en ancien bronze patine verte,
tenant une fleur de la main droite. Cambodge.
Trouvée dans les fouilles d'Ang-Koor.

219 — Deux brûle-parfums en bronze patine
claire, ciselé et décoré en relief à dragons,
chimères et tortues sur fond gravé, anses à
poissons; couvercles surmontés d'une chimère en furie. Chine.

220 — Divinité Lamaïque : Non-Yod Groub-Pa,
en bronze doré. Chine.

221 — Jardinière rectangulaire à angles rentrés en bronze, décor en relief à paysages, avec vues de pagodes. Japon.

222 — Trois petits vases en cuivre gravé. Indes.

223 — Statuette en bronze : divinité de pagode. Cambodge.

224 — Groupe en bronze : le Dieu des Enfers. Cambodge.

225 — Divinité agenouillée, coiffée d'un casque, en bronze. Cambodge.

226 — Quatre divinités de pagode en bronze. Cambodge.

227 — Petite divinité en bronze, tenant une torche. Cambodge.

228 — Petite divinité en bronze, tenant une coupe. Cambodge.

229 — Suite de neuf très petites divinités en bronze. Cambodge.

230 — Trois sauterelles et un petit lézard en bronze. Japon.

231 à 234 — Quatre petits presse-papiers en bronze : souris, singe, buffle et petit ours. Japon.

235 — Pointe de lance de pagode, surmontée de trois divinités en bronze. Cambodge.

236 — Petit chien de Fô, tenant une boule, en bronze. Chine.

237 — Deux groupes équestres, formant brûle-parfums, en ancien bronze, représentant des bonzes assis sur des buffles. Chine.

238 — Paire de vases ovoïdes, en bronze, patine claire, incrusté et orné d'applications d'or et d'argent, décoré de poules d'eau et arbustes fleuris. Japon.

239 — Brûle-parfums en bronze, représentant un éléphant richement carapaçonné et portant une pagode, surmonté d'un oiseau. Chine.

240 — Jonque en bronze, décor en relief, proue à tête d'aigle, posant sur socle en bois de fer sculpté à personnages. Chine.

241 — Deux brûle-parfums, forme canard, en bronze, posés sur socle, à décor gravé et incrusté d'or. Chine.

242 — Petit brûle-parfums en ancien bronze, porté par trois personnages; couvercle surmonté d'une chimère. Chine.

243 — Petit brûle-parfums en bronze ancien, forme ovale, panse gravée, anses plates; couvercle surmonté d'une chimère. Chine.

244 — Brûle-parfums en vieux bronze incrusté d'or, forme rectangulaire, angles à crans, et ornés de cloutés, posant sur quatre pieds, anses à orcilles ajourées; support et couvercle en bois de fer ajouré, surmonté d'un petit arbuste en jade. Signé. Chine.

245 — Brûle-parfums, forme carpe debout, en bronze, sur socle décoré. Chine.

246 — Brûle-parfums en bronze, patine claire, représentant un joueur de flûte assis sur un zébu; socle en bois de fer sculpté. Chine.

247 — Paire de très grands vases en bronze, décoré en haut-relief de dragons en furie et volatiles au milieu de nuages, posant sur des socles en bois de fer sculpté. Chine.

248 — Petit brûle-parfums en vieux bronze doré et acier, médaillons de fleurs en relief, anses

à têtes de chimères; couvercle surmonté d'un chien de Fó posant sur trois pieds. Support en bois de teck. Tonkin.

ANTIQUITÉS

249 — Précieuse tête de divinité en granit gris, représentée de face, esquissant un sourire, la coiffure à rayonnement dessinant le front et le tour des oreilles, et surmontée d'une espèce de tiare ornée sur le devant d'une idole assise : *Sira* ou *Vichnou*. Rapportée de That-Phromk (ruines d'Ang-Koor).

Ce souvenir, d'époque très reculée du culte de cette contrée, offre cette rare particularité, une grande perfection de dessin et d'expression et une conservation remarquable.

250 — Précieuse tête de divinité en granit gris, représentée de face, avec une expression souriante. La coiffure suit les contours du front et des oreilles. Elle est surmontée d'une tiare avec au centre une idole assise sur un trône à fond d'auréole flamboyante. Rapportée de That-Phromk (ruines d'Ang-Koor).

Son parfait état de conservation et la beauté du dessin en font une œuvre de haute curiosité des plus intéressantes.

PORCELAINES ET FAIENCES

251 — Vase, forme tulipe, en porcelaine, décor en polychrome à personnages et cavalier, orné d'un dragon en relief entourant le col. Shanghaï.

252 — Vase en porcelaine, offrant des personnages en polychrome, anses à petites chimères et lézards en relief. Shanghaï.

253-254. — Deux plats à bords contournés, décorés de paysages animés de personnages en émaux de couleur. Chine.

255 — Paire de bouteilles en porcelaine, décor en émaux de couleur de la famille verte à nombreux personnages, col à lambrequins et réserves d'arbres et oiseaux sur fond mosaïque, anses rouge corail. Shanghaï.

256 — Paire de grands vases en porcelaine, dé-

cor en émaux de couleur à volatiles au milieu de branchages fleuris, col fond jaune à mosaïque, fleurs et cachets. Shangaï.

257 — Paire de vases en porcelaine, à quatre faces, décor à personnages et arbustes fleuris, anses à têtes d'éléphants. Shanghaï.

258 — Théière à petit bec en porcelaine, décorée d'attributs, de fleurs et de caractères Chine.

259 — Jeu de plateaux, dit casse-tête, en porcelaine, décor à personnages, composé de neuf pièces s'emboîtant les unes dans les autres. Chine.

260 — Paire de vases en porcelaine, décor aux paons au milieu de branches feuillagées et fleuries en polychrome sur fond jaune impérial. Chine.

261 — Paire de vases en porcelaine, cols évasés, décor à réserves de branches fleuries et volatiles sur fond rose, bases fond jaune. Canton.

262 — Bouteille à panses aplaties, décor à nombreux personnages et guerriers combattant sur fond jaune impérial. Chine.

263 — Bouteille à panse plate, offrant, sur une face une rue animée de personnages dans des pagodes et de cavaliers, et, de l'autre face, des papillons et volatiles au milieu de branchages fleuris. Chine.

264 — Deux soupières en porcelaine, offrant des médaillons à petits personnages, encadrés de pointillés d'or; couvercles surmontés de boutons forme fruits. Chine.

265-266 — Deux grandes vasques en porcelaine, offrant des médaillons à nombreux personnages réservés sur fond rose à fleurs et entrelacs; bordure à mosaïque, posant sur socles en bois sculpté. Chine.

267 — Paire de grands vases en porcelaine, décor aux cavaliers et guerriers au milieu de branches de fleurs, col évasé à dentelures avec dragons enroulés en relief. Japon.

268 — Petit tube en porcelaine, décor en émaux de couleur de la famille verte, offrant des médaillons à branchages de fleurs, réservés sur fond de quadrillés, orné de fleurs. Chine.

269 — Deux chiens en grès émaillé, décoré au naturel. Chine.

270 — Deux bonzes en grès émaillé, décor flambé, fond gris et aubergine. Japon.

271 — Groupe en grès émaillé : personnage accroupi ayant un singe sur son épaule. Japon.

272 — Petite statuette de bonze, en grès émaillé, tenant un fruit de la main gauche. Japon.

273 — Petit vase-rouleau en porcelaine, personnages et enfants dans un paysage; bordure à lambrequins sur fond jaune. Chine.

274 — Six coupes carrées, à angles rentrés, en porcelaine, décor à objets d'ameublement et fleurs. Chine.

275 — Quatre coupes en porcelaine, à bordure dentelée, décor à fleurs, oiseaux et branchages. Chine.

276 — Vase en grès émaillé bleu turquoise, avec figure de magot tenant un maillet en haut relief. Chine.

277-278 — Quatre théières, forme buires, en porcelaine, fond blanc à personnages. Chine.

279-280 — Deux pots à médecine en porcelaine,
décor à personnages et à branchages fleuris.
Chine.

281 — Théière en porcelaine de la famille rose,
décor au coq. Chine. Socle en ivoire ajouré.

282 — Deux coupes creuses en porcelaine, décor
à vols de cigognes. Japon.

283 — Service en porcelaine, forme octogonale,
pâte coquille d'œuf, à figures de femmes dans
des paysages : six tasses, sucrier, théière
et crémier. Japon.

284 — Service, forme octogonale, en porcelaine
coquille d'œuf, décor d oiseaux et branchages
sur fond granulé : douze tasses, sucrier,
crémier et théière. Japon.

285 — Service en porcelaine, décor de paysage,
bordure dentelée : six tasses, théière, sucrier
et pot à crème. Japon.

286 — Service en porcelaine, fond jaune à volatiles sur branchages : douze tasses, théière,
sucrier et pot à crème. Japon.

287 — Quatre tasses en porcelaine de Chine, à

oiseaux et inscription; intérieur fond vert.
Chine.

288 — Neuf soucoupes, décor de personnages,
en polychrome et or sur fond blanc. Chine.

289 — Neuf cuillers en porcelaine, décor aux
divinités et fleurs. Chine.

290 — Service composé d'une théière, sucrier,
pot à lait, onze tasses et soucoupes en porcelaine, décor par compartiments à personnages
et paysages; bordure à rosaces. Chine.

291 — Bol en porcelaine, décor à figures de
femmes assises; bordure extérieure à lambrequins, bordure intérieure à fruits et attributs.
Chine.

292 — Six tasses et leurs soucoupes, porcelaine
coquille d'œuf, à figures d'enfants et usten-
siles. Chine.

293 — Service de table en porcelaine, décor à
réserves de personnages et fleurs en polychrome et or, composé d'une soupière, sala-
dier, coupe à fruits, quatre compotiers sur
pieds, cinq plats longs, quatre plats carrés,
plat creux forme coquille, deux sucriers,

trois petits bols, trois pots à crème et trente assiettes. Chine.

294 — Grand vase en faïence émaillée vert, décor en relief, à nombreux personnages dans un paysage abrité d'arbres. Chine.

295 — Deux socles en porcelaine céladon bleu turquoise. Chine.

296 — Deux cache-pots en porcelaine, décor à arbustes fleuris en émaux de couleur de la famille rose. Chine.

297 — Paire de petites bouteilles en porcelaine, oiseaux et fleurs, col en partie fond noir, vermiculé d'or. Japon.

298 — Paire de petites bouteilles en porcelaine, panses forme boules, avec fleurs et volatiles. Japon.

299 — Plat en porcelaine, décor à personnages assis sur un escalier; bordure à fleurs sur fond mosaïque. Chine.

300 — Plat en porcelaine, décor à poissons au milieu des flots sur fond rouge; bordure à quadrillés verts. Chine.

3o1 — Plat rond en porcelaine, décor à compartiments de fleurs sur fond de nuances diverses. Chine.

3o2 — Plat rond en porcelaine, décor en bleu, rouge et or, offrant au centre une corbeille fleurie; bordure à réserves de paysages. Japon.

3o3 — Plat rond en poterie, décor offrant un personnage dans un paysage Japon.

3o4 — Grand plat rond, décor à cartels offrant des cavaliers et des fleurs sur fond rouge et or, à fleurs. Chine.

FABRIQUES DE SATZUMA
ET DE TOKIO

3o5 — Paire de vases à panses rondes et aplaties, décor à assemblées de personnages dans des paysages, bases et cols ornementés. Satzuma.

3o6 — Paire de vases à cols coniques, décor à réserves et médaillons de personnages, oiseaux et fleurs sur fond fumé. Satzuma.

307 — Vase, décoré par compartiments de personnages et fleurs. Tokio.

308 — Deux vases-rouleaux, décor fond vert maroquiné, à réserves de paysages accidentés et animés de petits personnages en polychrome et or. Grande finesse de décor. Satzuma.

309 — Deux brûle-parfums, décorés de personnages et paysages, anses en crosse; couvercles surmontés de combats de chimères, pieds à masques. Satzuma.

310 — Paire de petites potiches à thé, décor à personnages et paysages; couvercles plats ornés de cachets. Satzuma.

311 — Grand brûle-parfums, décor à nombreux personnages, anses et couvercles ornés de chimères, pieds à masques. Satzuma.

312 — Paire de potiches ovoïdes à pans, décorées de personnages et de fleurs; couvercles surmontés de figurines. Satzuma.

313 — Paire de vases, de forme ovale, décorés de médaillons à personnages. Tokio.

314 — Deux coupes creuses, décor à scènes familiales. Satzuma.

315 — Paire de bouteilles à longs cols, panses à réunions de personnages, décor très fin en polychrome et or. Satzuma.

316 — Très petit brûle-parfums, à décor d'or et polychrome, anses à éventails; couvercle surmonté d'un singe assis. Satzuma.

317 — Deux très petits brûle-parfums à médaillons de bustes d'hommes sur fond d'or; couvercles surmontés de chimères. Satzuma.

318 — Cassolette, forme champignon, posant sur trois pieds, décorée de nombreux petits personnages, intérieur offrant trois petits médaillons à personnages. Satzuma.

319 — Paire de vases à panses aplaties, décorées de personnages, supportées par des dragons enroulés, anses forme écrevisses; couvercles surmontés de statuettes de femme et d'homme assis. Satzuma.

320 — Socle à six pieds et couvercle de potiche, surmonté d'une divinité assise sur une fleur de lotus. Satzuma.

321 — Plat rond et creux, offrant un philosophe à longue barbe lisant un livre, encadrement ornementé et rehaussé d'or en relief. Satzuma.

322 — Paire de très grandes bouteilles, décorées de réunions de nombreux personnages et ornements à quadrillés et rosaces. Tokio.

323 — Grand brûle-parfums à pans, offrant des réunions de dames de qualité, anses formées par des statuettes d'enfants; couvercle surmonté d'un groupe d'homme et enfant assis. Satzuma.

324 — Paire de vases, offrant sur la panse des divinités et des guerriers, cols ornés de cachets. Satzuma.

325 — Bonbonnière, en forme d'œuf, décor représentant une assemblée de mandarins. Satzuma.

326 — Petit vase, décor de personnages et enfant en polychrome et or. Satzuma.

327 — Deux boites rondes, offrant des personnages se parlant et des cachets sur fond de carrelage. Satzuma.

PAGODES, DIVINITÉS

STATUES

OBJETS DIVERS DE CURIOSITÉ

328 — Boite ronde en bois sculpté, laqué rouge, décor en relief à rehauts d'or, intérieur disposé par compartiments. Indo-Chine ancien.

329 — Bateau chinois en argent, or et émail, parties filigranées, socle en bois: dans une cage en glace, monture en bois sculpté.

330 — Pagode en bois sculpté, ajouré et doré, avec fronton très ornementé à chimères et dauphins dans les nuages, supporté par des colonnes ; à l'intérieur, deux divinités assises en bois doré dans des dais et palanquin en soie brodée. Indo-Chine.

331 — Jonque chinoise en ivoire découpé à jour, ornée de petits personnages, sur socle garni d'étoffe.

332 — Petite jonque chinoise en ivoire ajouré, avec petits personnages sculptés, socle en étoffe.

333 — Grande boîte ronde en bois sculpté, laqué rouge à rehauts d'or ; intérieur avec plateau posant sur un support à six pieds. Indo-Chine ancien.

334 — Très grand Boudha en bois sculpté et doré, représenté assis sur une fleur de lotus, les jambes repliées, la main droite levée ; l'auréole offre des divinités assises sur des consoles au milieu de nuages Support en bois sculpté, ajouré et doré. Travail ancien de Chine.

335 — Dignitaire en bois sculpté et doré, en riche costume, assis sur un trone en bois peint en rouge. Travail ancien de Chine.

336 — Petite pagode en bois laqué, avec garniture en cuivre doré, renfermant un Boudha assis, en bois sculpté et peint. Travail ancien de Chine.

337 — Très curieuse statuette symbolisant la Danse, en bois finement sculpté, sur socle ornementé. Travail ancien de l'Inde.

338 — Deux lanternes en bois sculpté et ajouré, avec peintures sur verre, à personnages et pendeloques émaillées. Chine.

339 — Pagode en bois laqué, renfermant une divinité en bois sculpté et doré, debout sur fleur de lotus, les mains jointes. Chine ancien.

340 — Haut relief en bois sculpté, peint vert, rouge et doré, fronton à tête de dragon autour de laquelle s'agitent d'autres dragons, au milieu une inscription. Travail ancien de Chine.

341 — Deux statuettes de femme en terre cuite peinte. Chine.

342 — Plaque ovale en jade sculpté, offrant en relief un dragon, montée sur panneau rectangulaire en bois de fer, avec écoinçons en jade vert. Chine ancien.

343 — Deux statuettes de guerriers en bois clair sculpté, incrusté de nacre et d'ivoire, l'un portant un enfant. Japon.

344 — Groupe en bois sculpté : petit démon offrant des fleurs à un philosophe à longue barbe. Chine.

345 — Deux statuettes de femmes, portant des

vases, en bois sculpté, **avec vestiges d'or**. Provenant d'anciennes pagodes. **Chine.**

346 — Deux grands et beaux vases, forme cylindrique, en bois laqué **noir** rehaussé d'or, riche décor à guerriers **combattant** en applications de nacre et d'ivoire, finement gravé ; bordure en ivoire, socles **en bois de fer** incrusté de nacre et de **burgau. Japon.**

347 — Statuette de démon **en bois sculpté et** doré, tenant un **écran. Chine.**

348 — Groupe en bois sculpté et doré, représentant une chasse au **tigre. Chine.**

349 — Jonque avec arbre fruitier et petits personnages en bois sculpté, sur socle en bois de teck. Chine.

OBJETS DE VITRINE

350 — Petit pousse-pousse **en écaille**, avec capote et roues mobiles. Japon.

351 — Inro en bois sculpté, décor en relief à combats de dragons et **de chimères**, orné d'incrustations d'ivoire et de sardoine. Chine.

352 — Tasse et soucoupe en corne, décor laqué d'or. Chine..

353 — Porte-cartes en argent repoussé, décor à réserves de personnages sur fond feuillagé. Siam.

354 — Tabatière en argent, à figures de femmes et divinités sur fond à parterre fleuri et oiseaux. Siam.

355 — Boîte ovale en argent repoussé et gravé à personnages, fleurs et cachet. Indo-Chine.

356 — Petit coffret rectangulaire en argent repoussé à fleurs, oiseau et cachet. Indo-Chine.

357 — Bonbonnière en bronze ciselé, décor en relief à branchages feuillagés et fleuris. Japon.

358 à 360 — Trois croix en bois de teck, incrusté de nacre en relief. Tonkin.

361 — Canne en peau de poisson, avec ornements en fer, incrusté d'or. Tonkin.

362 — Deux coquilles de nacre sculpté, décor à combats de guerriers, sur supports en bois de fer sculpté, forme branchage. Chine.

363 — Deux petites fourchettes en nacre sculpté. Chine.

364 — Petit cornet en bois sculpté, décor très fin à personnage et inscriptions, sur socle adhérent.

365 — Petit poignard en cuivre, avec appliques de personnages et cachets en bronze. Japon.

DÉCORATIONS DE PAGODES

DE TEMPLES

BOIS SCULPTÉS

366 — Cadre, de forme cintrée, en bois sculpté, peint rouge et doré, orné d'oiseaux et de fleurs. Chine.

367 — Fronton en bois sculpté et doré, décor ajouré, offrant trois personnages dans un encadrement forme éventail. Chine.

368 — Petit panneau en bois sculpté et doré, décor en relief à quadrupède et volatile. Chine.

369 — Fronton de pagode en bois sculpté et doré, à divinités au milieu de nuages. Travail ancien. Chine.

370 — Panneau en bois sculpté, reliefs dorés, représentant une scène légendaire, composition de neuf personnages, côtés ornés d'inscriptions. Chine.

371 — Fronton en bois noir, peint doré, décor à chimère, mouton et oiseau. Chine.

372 — Fronton en bois sculpté et doré, offrant au milieu un nénuphar et aux extrémités des oiseaux. Chine.

373 — Bandeau ajouré en bois sculpté et doré, à branchages feuillagés et fleuris; bordure rouge. Chine.

374 — Bandeau en bois sculpté, ajouré et doré, décor à branchages de fleurs et cachets. Chine.

375 à 380 — Huit montants en bois sculpté et doré, décor ajouré à corbeilles et coupes fleuries. Chine.

381-382 — Deux montants ajourés en bois sculpté et doré à branchages fleuris. Chine.

383 — Petite frise en bois sculpté et ajouré, dessin à oiseaux au milieu d'une branche de marguerites.

384 — Petit panneau ajouré en bois sculpté et doré à personnages et divinité. Chine.

385 — Deux panneaux en bois finement sculpté et ajouré, peint rouge et or, décor à oiseaux au milieu de branchages fleuris. Chine.

386 — Encadrement de porte en bois sculpté et ajouré, peint et doré, décor à oiseaux et fleurs sur fond treillagé. Chine.

387 — Deux panneaux en bois sculpté et doré sur fond noir, décor en relief à chimères et oiseaux. Chine.

388 — Deux montants en bois sculpté, peint noir et or, décor ajouré à coupes de fruits suspendues à des nœuds de ruban. Chine.

389 — Fronton en bois sculpté et doré, décor ajouré à oiseaux et fleurs. Chine.

390 — Montant en bois sculpté et ajouré, peint brun et or à gros branchage. Chine.

391 — Panneau en bois sculpté et doré, décor ajouré à branchages de fleurs et fruits. Chine.

392 — Fronton en bois sculpté, peint noir et or à branchage de fleurs. Chine.

393 — Panneau en bois sculpté et doré sur fond noir, décor en relief, à oiseaux au milieu de branchages fleuris. Chine.

394 — Deux montants en bois sculpté et ajouré, à gros branchages et fleurs dorées. Chine.

395 — Deux montants en bois sculpté et ajouré, peint rouge, vert et or, offrant des oiseaux au milieu de branchages fleuris. Chine.

396 — Panneau en deux parties en bois finement sculpté, représentant une composition de vingt-un personnages. Travail ancien. Chine.

397 — Plateau ovale en bois sculpté, peint noir, rehaussé d'or, représentant un oiseau attrapant une grenouille par la patte; bordure offrant des poissons dans les flots. Chine.

398 — Miroir en métal, décor aux cigognes, avec cadre en bois sculpté et doré, orné de phénix au milieu de branchages fleuris. Chine.

399 — Panneau en bois sculpté et doré sur fond marron, décor en relief à poissons et branchages, bordure à filets dorés. Chine.

400 — Haut relief en bois sculpté et doré sur fond noir, décor représentant deux personnages causant à une femme assise. Chine.

401 — Fronton à double face en bois sculpté et doré sur fond noir, offrant, d'un côté, un groupe de six personnages, et, au revers, un fruit et des fleurs. Travail ancien. Chine.

402 — Fronton ovale en bois sculpté et ajouré, peint rouge et or, avec tête de dragon en haut relief. Chine.

403 — Deux portes de pagode en bois sculpté, ajouré et doré, décor à fleurs, fruits et papillons. Chine.

404 — Cadre en bois sculpté et doré, bordure extérieure ajourée. Chine.

405 — Deux montants en bois sculpté, peint vert et or, décor ajouré à vases fleuris et fruits. Chine.

406 — Trois panneaux en bois sculpté, peint

noir et or, décor en relief à tortue, fruits et inscription; un des panneaux est ajouré. Chine.

407 — Petite jonque, forme dragon, en bois laqué, avec tête en bois sculpté et doré. Chine.

408 — Deux petits montants ajourés, sculptés et dorés, à oiseaux et fleurs.

409 — Frise en bois sculpté, peint noir et doré, décor ajouré à feuillage, fleurs et fruits, Chine.

410 — Deux panneaux en bois de fer sculpté, parties dorées, offrant, en bas-relief, une chimère et un phénix dans un paysage. Chine.

411 — Panneau en bois sculpté et doré, décor en relief à chiens de Fô, jouant avec une boule ajourée au milieu de rochers. Chine.

412 — Deux panneaux en bois de teck sculpté, orné de vestiges d'or représentant des branches de lotus. Chine.

413 — Panneau en bois sculpté, peint noir et doré, décor en relief à rocher et oiseaux sur des arbres feuillagés.

414 — Petit encadrement de portes en bois sculpté et doré, décor ajouré à fleurs, feuillage et coupes sur consoles. Chine.

415 — Devant de pagode en bois finement sculpté, peint rouge, décor ajouré à petits personnages représentant une scène allégorique. Travail ancien. Chine.

416 — Bandeau ajouré en bois sculpté et doré à branchages de fleurs et de fruits.

417 — Bandeau en bois sculpté, peint rouge et doré, décor ajouré aux phénix et soleil. Chine.

418 — Bandeau en bois sculpté, peint noir et doré à feuillages et fleurs. Centre, forme arc.

419 — Dessus de portes en bois sculpté et doré, à décor de vases et branches de fleurs sur fond à pointes de diamants. Chine.

420 — Devant de pagode en bois sculpté et doré à pilastres, vases, feuillages et fleurs. Chine.

421 — Ecran en bois de teck sculpté, rehaussé d'or, offrant un arbre fleuri, montants à chimères, fronton à figures d'homme et de femme sur des nuages. Chine.

422 — Deux feuilles de paravents en bois sculpté, orné de compartiments ajourés à oiseaux, fleurs et feuillages. Chine.

423 — Deux panneaux de paravent en bois laqué, décor doré en relief à vases fleuris et oiseaux. Chine.

424 — Panneau rectangulaire en bois sculpté et doré sur fond peint rouge, représentant une composition de cinq personnages. Chine.

425 — Sept petits panneaux ajourés en bois sculpté à feuillages et ornements rehaussés d'or. Chine.

426 — Trois petites frises en bois sculpté, ajouré et doré à fleurs et oiseaux. Chine.

427 — Panneau en bois sculpté, ajouré et doré, offrant des cerfs, des grues dans une forêt et deux petits personnages. Chine.

428 — Feuille de paravent, laqué rouge, avec trois compartiments ajourés et dorés, à volatiles, fleurs et feuillages. Chine.

429 — Petit fronton, ajouré et doré, à feuillages et pommes de pin. Chine.

430 — Grand dessus de porte en bois sculpté et doré sur fond rouge, à vases de fleurs, branchages et oiseaux. Chine.

431 — Dessus de porte en bois noir et ajouré, décor feuillages fleuris.

432 — Deux panneaux en bois sculpté et doré, offrant en bas-relief une branche fleurie sur fond marron. Chine.

433 — Panneau rectangulaire à feuilles de vigne et grappes en doré sur fond brun rouge. Chine.

434 — Petite frise en bois sculpté, ajouré et doré à branchages fleuries. Chine.

435 — Lanterne en bois sculpté et doré, avec dôme. Chine.

436 — Frise en bois sculpté, décor à reflets métalliques, offrant en relief des têtes de chimères et des oiseaux aux ailes déployées. Chine.

437 — Cinq panneaux de paravent en bois peint rouge, décor en bas-relief, offrant par compartiments des objets d'ameublements, des fruits et des fleurs.

MEUBLES

438 — Coffret de toilette en bois de teck, incrusté de nacre, dessin à personnages et branchages de fleurs, charnières en cuivre. Tonkin.

439 — Coffret, avec pupitre ajouré, en bois de teck. Tonkin.

440 — Grande psyché en bois des Iles, incrusté de nacre, à petits personnages. Tonkin.

441 — Guéridon en bois laqué, incrusté de nacre, pied en bois de teck sculpté. Tonkin.

442 — Deux meubles-bibliothèques en bois de fer sculpté à branchages et personnages en relief. Chine.

443 — Deux lampadaires en bois de teck sculpté, posant sur trois pieds. Tonkin. Travail dans le goût européen.

444 — Deux consoles rectangulaires en bois des Iles, sculpté et ajouré; dessus en marbre. Chine.

445 — Tabouret carré en bois de teck sculpté, pieds à têtes fantastiques. Chine.

446 — Desserte à trois étagères en bois de teck sculpté. Tonkin.

447-448 — Deux petits psychés en bois des Iles, incrusté de nacre. Tonkin.

449 — Écran en bois de teck sculpté et ajouré, pieds forme chimères, feuille en satin noir brodé de soies et d'or offrant des volatiles au milieu de branchages fleuris. Chine.

450 — Écran en bois de fer sculpté et incrusté de nacre à petits personnages, feuille en satin bleu brodé de soie de toutes nuances, offrant des paons et autres volatiles dans un paysage fleuri. Chine.

451 — Guéridon en bois de fer sculpté et ajouré, pied avec dragon enroulé, dessus en marbre marron. Chine.

452 — Écran en bois de fer sculpté avec médaillons et montants incrustés de nacre. Tonkin.

453 — Quatre plateaux rectangulaires en bois de teck, incrusté de nacre, dessin à pagodes,

paysages, personnages et volatiles ; le plus petit est orné d'écoinçons en argent. Tonkin.

454 — **Deux meubles** d'angle à fronton, formant étagère et cabinets en bois noir sculpté et ajouré, panneaux des portes laqués et ornés d'applications et d'incrustations de nacre et d'ivoire, offrant des personnages au milieu de paysages. Japon.

455 — Deux boîtes rondes en bois de teck, incrusté de nacre Tonkin.

456 — Coffret rectangulaire en bois des Iles, incrusté de nacre ; couvercle décoré à l'intérieur d'incriptions. Travail ancien. Tonkin.

457 — Coffret rectangulaire en bois des Iles, incrusté de nacre, écoinçons en argent. Tonkin.

458 — Coffret carré en bois de teck, incrusté de nacre, intérieur avec plateau à compartiments. Tonkin.

459 — Coffret carré en bois de fer, incrusté de nacre, côtés ajourés. Chine.

460 — Meuble-étagère, formant cabinet, en bois des Iles sculpté et garni d'applications de

nacre et d'ivoire teinté, décor à vases et coupes fleuris, posant sur son socle ouvrant à deux tiroirs. Japon.

461 — Meuble-étagère en bois noir sculpté et ajouré, panneaux ornés d'applications de nacre et d'ivoire teinté, décor à oiseaux et cigognes, sur son socle. Japon.

462 — Meuble-cabinet sur son pied, formant étagère à fronton, en bois noir sculpté, orné de panneaux en laque d'or et incrusté de nacre, d'ivoire et de burgau, offrant des personnages et des volatiles ; fond et côtés ajourés. Chine.

463 — Deux étagères, à quatre compartiments, en bambou et bois laqué, décor à branchages. Japon.

464 — Deux petits cabinets en bois de teck, incrusté de nacre, décor très fin représentant des pagodes et des personnages, panneaux des portes en partie ajourés. Tonkin.

465 — Cabinet en bois laqué noir, à décor d'or, avec panneaux en ivoire laqués d'or et incrustés de nacre, à oiseaux et branchages.

466-467 — Deux meubles-cabinets, à fronton, en bois noir sculpté et ajouré, décor en relief à personnages et branchages, avec panneaux incrustés de nacre. Chine.

468 — Meuble-étagère en bois de fer sculpté et ajouré, panneaux des portes ornés d'applications de nacre et d'ivoire teinté, dessin à volatiles et branches fleuries. Chine.

469 — Bahut en bois de teck, incrusté de nacre, décor à fleurs. Tonkin.

470 — Petit cabinet-étagère en bois laqué, orné de cachets et branchages d'or, panneaux en ivoire laqué d'or et incrusté de nacre à personnages et volatiles, posant sur pied en bois de fer sculpté et ajouré. Japon.

471 — Petit cabinet en bois des Iles, orné d'applications de nacre et d'ivoire teinté, à branches fleuries. Japon.

472 — Petit cabinet en bois des Iles, ouvrant à trois tiroirs et deux portes à coulisses, ornés d'applications de nacre et d'ivoire. Japon.

473 — Deux supports en bois noir sculpté et ajouré; dessus en marbre. Chine.

474 — Deux supports, hauts et ronds, avec tablette d'entrejambe en bois noir sculpté, bandeau ajouré; dessus en marbre. Chine.

475-476 — Quatre tabourets, de forme hexagonale, en bois de fer sculpté et ajouré, à branchage; dessus en marbre, avec bordure de perlés. Chine.

477 — Écran en bois de teck sculpté et ajouré, feuille en soierie fond crème, brodée de soie, offrant de nombreux volatiles et paons. Chine.

478 — Petite pagode en bois laqué noir, intérieur en laque d'or renfermant trois divinités en bois sculpté et doré, portes ajourées et à charnières. Japon.

479 — Table gigogne, en cinq parties, en bois laqué et doré. Chine.

480 à 491 — Douze plateaux rectangulaires, ovales et à pans coupés, en bois de teck, finement incrusté de nacre, à décors variés. Tonkin.

492 — Panneau rectangulaire en bois de teck,

incrusté de nacre, décor représentant une nombreuse suite de personnages au milieu d'arbres feuillagés. Tonkin.

493 — Panneau rectangulaire en bois de fer, incrusté de nacre, décor représentant un manguenillier et des inscriptions. Tonkin.

494 — Petit écran en bois de fer sculpté et ajouré, avec plaque en ancienne porcelaine, décor à personnages. Chine.

495 — Petit écran rond en bois de fer sculpté et ajouré, avec plaque en ancienne porcelaine, représentant trois personnages dans un paysage et inscriptions. Chine.

496 — Boîte à gants en bois de teck, incrusté de nacre. Tonkin.

497 à 499 — Douze petits panneaux de meubles en bois de teck, incrusté de nacre, décor à grands arbres, pagodes et personnages. Tonkin.

500 — Paravent triptyque en bois laqué d'or et incrusté de nacre et d'ivoire, offrant deux personnages et des oiseaux dans un paysage, monture en bois noir sculpté et ajouré. Japon.

5o1 — Deux panneaux en bois, orné d'applications de nacre et d'ivoire teinté, dessin représentant des volatiles voltigeant au milieu
de branchages fleuris, cadres rehaussés d'or.
Japon.

5o2 — Ecran en bambou noir ouvrant à trois
feuilles ornées de peintures, représentant des
canards sauvages. Japon.

5o3 — Panneau en bois noir, incrusté de nacre,
d'ivoire et de burgau, dessin représentant un
vase sur support et une cafetière, encadrement en nacre. Japon.

5o4 — Panneau en bois de fer, orné d'applica-
cations d'ivoire, dessin représentant une bouteille avec branche de fleurs. Japon.

5o5 — Panneau orné d'applications d'ivoire, de
nacre et de laque, décor représentant un personnage portant un singe suivi d'un enfant.
Japon.

5o6 — Deux panneaux en bois de teck, orné
d'applications de nacre, d'ivoire et de bois
laqué ; dessin représentant des personnages
dans des pousse-pousse. Japon.

5o7 — Panneau en bois laqué et orné d'applications de nacre et d'ivoire, décor représentant un vase fleuri, des oiseaux et une théière. Japon.

5o8 — Deux panneaux, décorés d'oiseaux sur branchages fleuris, en applications d'ivoire et de nacre. Japon.

5o9 — Panneau, fond vannerie en bronze tressé, orné d'applications d'ivoire, offrant un serpent et un oiseau sur une branche de bambou. Japon.

510 — Deux panneaux en bois de fer, orné d'applications d'ivoire, représentant des femmes tenant des parasols, suivies de petits garçons. Japon.

511 — Panneau, orné d'applications de bois sculpté, d'ivoire et de nacre, décor représentant un vase forme oiseau, orné de fleurs épanouies ; cadre rehaussé d'or. Japon.

512 — Panneau en bois, décoré de laques d'or et de couleur, de nacre et d'ivoire, représentant un faisan perché sur une branche. Japon.

513 — Panneau en bois, orné d'applications de bois laqué, nacre et ivoire, décor offrant une femme présentant un coffret à un guerrier assis. Japon.

514 — Panneau orné d'applications de nacre et d'ivoire, à décor de femmes portant un vase. Japon.

515 à 521 — Quatorze panneaux longs et rectangulaires en bois de fer et bois de teck, orné d'incrustations de nacre, décor à personnages, vases fleuris, branchages et inscriptions. Tonkin.

522-523 — Deux petits cabinets en marqueterie de bois, ouvrant à quatre tiroirs, intérieur laqué noir. Japon.

524 — Deux montants ornés de chiens sur pilastres ornementés en bois de teck sculpté. Chine.

525-526 — Deux consoles, forme demi-lune, en bois de fer incrusté de nacre; dessus de marbre rosé. Chine.

527 — Bureau plat en bois de fer sculpté, posant

sur quatre pieds formés de chimères, bandeaux et dessus incrustés de nacre, décor à personnages, animaux, volatiles et fleurs. Chine.

528 — Deux panneaux ornés d'applications de nacre, d'ivoire et de laque, représentant une femme près d'un enfant et un mandarin regardant une jeune fille portant une corbeille de fruits. Japon.

529 — Deux panneaux en bois de teck, richement orné d'applications de nacre, d'ivoire, de bois sculpté et laqué; l'un, représentant un vase fleuri sur socle et, l'autre, une jardinière suspendue et une vasque ornées de branchages fleuris. Signés. Japon.

530 — Plateau rectaugulaire en bois des Iles, richement orné d'applications de nacre, d'ivoire et de bois laqué, offrant un paon sur un rocher fleuri. Japon.

531 — Guéridon en bois naturel sculpté, bords lambrequinés, pieds à dragons enroulés.

SOIERIES, TENTURES
COSTUMES
BRODERIES, ÉTOFFES BROCHÉES

532 — Six petits carrés en satin crème finement
brodé de soies multicolores, décor aux paons
au milieu d'une couronne de fleurs.

533 — Grande robe de mandarin en soie violet,
richement brodé d'or et de soies polychromes
aux dragons à cinq griffes, sur les flots de la
mer, cachets et chauve-souris, doublée de
soie bleu. xiiie siècle. Pièce rare.

534 à 544 — Trente-quatre panneaux pour
grands coussins en satin brodé sur fond de
diverses nuances, à décors variés, dont dix
doublés et ornés de glands et de franges.

545 — Quatre rideaux de pagode en satin rouge,
brodé de soie et d'or, à oiseaux de paradis et
fleurs, bordure dentelée.

546 — Panneaux d'entre-deux en satin bleu clair,
brodé de soie, décor à arbuste fleuri, flam-
mant et oiseaux voltigeant.

547 — Petit panneau en satin vert amande, brodé de soies de toutes nuances, à oiseaux au milieu de paysages fleuris.

548 — Deux panneaux en satin noir, brodé de soies de diverses nuances, dessin à faisans, hibou, canards et papillons au milieu de branchages fleuris.

549 — Deux feuilles de paravent en satin rouge groseille, brodé de soie à personnages et fleurs.

550 — Feuille d'écran en satin grenat, brodé de soies, décor à volatiles au milieu de roseaux et petits branchages fleuris.

551 — Dix petits carrés en satin noir et grenat, brodé de soie à fleurs, feuillage et oiseaux.

552 — Petit store en soierie blanche, brodé de soie à petits personnages.

553 — Dessus de guéridon en crêpon grenat, brodé de soie à fleurs, cigognes et autres volatiles.

554 — Deux dessus de sièges en satin bleu, brodé de soie, décor fleurs et papillons.

555 — Bandeau en satin fond prune, brodé de
soie et d'or à volatiles et fleurs en polychrome.

556 — Deux bandeaux en satin rouge cerise,
brodé de soie, décor aux paons, bordure
ornée de petites glaces et d'effilés de soie.

557 — Bandeau en satin brodé de soie, décor
aux paons et fleurs sur fond loutre, ornés de
petites glaces et de franges de soie.

558 — Bandeau en crêpe de Chine, brodé d'or
et de soie bleue de différents tons à fleurs et
oiseaux sur fond rouge brique damassé, bordure fond noir.

559 — Bandeau, fond bleu indigo, tissé de soie
et d'or, offrant des dragons à cinq griffes au
milieu de nuages et au-dessus des flots. XIIIᵉ
siècle.

560 — Casaque de mandarin en soierie indigo,
brochée d'or et de soie, dessin aux dragons.à
cinq griffes, manches rayées. XIIIᵉ siècle.

561 — Bandeau en satin vert tendre, brodé de
soie, décor aux oiseaux et papillons dans un
paysage fleuri, paon, bordure ornée de petites
glaces et de franges de soie.

562 — Bandeau à trois compartiments en satin crème, brodé de soie, décor à papillons et cachets groupés.

563 — Bandeau en satin lie de vin, brodé de soie et d'or, dessin à objets d'ameublement et fleurs.

564 — Tunique en crêpe de Chine, lie de vin, brodé de soie et d'or, à bouquets de fleurs, bordure bleue.

565 — Plastron, fond indigo, brodé de soie, décor à grands oiseaux volant au-dessus des flots.

566 — Dessus de porte en satin rouge cerise, brodé d'or, à vases fleuris et brûle-parfums.

567 — Décor de pagode en satin vert et rouge, brodé de soie, à branchages fleuris et papillons.

568 — Bandeau en satin indigo, brodé de soie aux dragons d'or à cinq griffes et cachets.

569 — Bandeau en satin prune, brodé d'or et de soie aux dragons à cinq griffes et cachets.

570 — Deux bandeaux en soie indigo, brodés d'or et de soie aux dragons, et, sur les flots, cachets impériaux et chauve-souris dans les nuages.

571 — Deux bandeaux en soie indigo, tissés aux dragons au milieu de nuages. XIIIe siècle.

572 à 575 — Quatre tuniques de mandarins en satin de diverses nuances, richement bro-dées de soie et d'or, à dessins variés, avec franges dans le bas.

576 — Gilet en satin bleu clair, richement brodé en soies de toutes nuances, dessin à fleurs, papillons et ornements.

577 — Gilet en satin beige, brodé d'or et de soie, décor aux dragons à cinq griffes au milieu de nuages.

578 — Deux panneaux en soierie vert émeraude, brodé de soie, à riche décor d'oiseaux de paradis et papillons au milieu de branches fleuries.

579 — Bandeau en crêpe de Chine, fond cerise, brodé de soie, à vases fleuris et papil-lons.

580 — Jupe en soierie lie-de-vin, brodée de soie
et d'or, à petits personnages et fleurs.

581 — Jupe en satin vert émeraude, brodé de
soie et d'or, à oiseaux de paradis et dragons.

582 — Robe en soierie bleu, richement brodée
de soie, à parterre de fleurs et papillons.

583 — Jupe en crêpe de Chine vert, brodé d'or
et de soie bleu, à fleurs et papillons.

584 — Jupe en satin crème brodé, à petits personnages et fleurs.

585 à 595 — Dix-huit tuniques en soieries bro-
dées de différentes nuances, à décors variés.

596 — Casaque en broderie de soie, décor aux
paons, papillons et fleurs en polychrome, sur
fond grenat. XIIIᵉ siècle.

597 — Col en soierie indigo, brochée d'or et de
soie, décor aux dragons à cinq griffes. XIIIᵉ
siècle.

598 — Gilet en satin indigo, brodé de soies
bleues et blanches à feuillages et papillons.

599 — Gilet en soie bleu indigo, tissé aux dragons au-dessus des flots or et soie.

600 — Deux bandes en soierie, bleu clair broché, enrichies de broderies d'or et de corail, dessin à fleurs et feuillages.

601 — Trois bandes en satin indigo, brodé et broché de soie à fleurs et dragons.

602 — Deux grands panneaux en satin noir brodé d'or, décor à poules d'eau et cigognes au milieu de petits arbustes fleuris. Encadrés.

603 — Deux petits panneaux en satin noir, décor à flammants et paons au bord de l'eau. Encadrés.

604 — Trois panneaux en satin noir, brodé d'or, décor de poules, coq et autres volatiles. Encadrés.

605 — Panneau en soierie rouge, orné d'applications de soie, représentant une servante offrant des fruits à un dieu. Encadré.

606 — Quatre grands panneaux, décor en relief aux paons, cigognes et paons sur fond tressé et doré. Encadrés.

607 — Panneau en satin noir, brodé de soie, décor aux canards. Encadré.

608 — Quatre grands panneaux en satin noir, brodé de soies polychromes, offran : des volatiles de toutes espèces. Encadrés.

609 — Panneau en satin noir, brodé de soie, dessin représentant les récolteurs de riz. Encadré.

610 à 620 — Quarante-huit kakémonos de différentes grandeurs en satin brodé de nuances diverses et décors variés.

621 — Huit kakémonos en papier de riz, décor peint et brodé de soie, représentant des oiseaux et des branchages fleuris.

622 — Belle tenture composée de quatre grands panneaux et de deux grands bandeaux en satin noir, richement brodé de soies de toutes nuances, offrant des paysages fleuris, animés de nombreux volatiles.

623 — Deux portières de pagode en soierie rouge, brodée d'or et de soie, décor chimères, inscriptions et attributs.

624 — Paravent à quatre feuilles en satin noir, brodé de soie et d'or, offrant une scène de justice à trois personnages.

625 — Paravent à quatre feuilles en satin, brodé d'or et de soie, représentant des cigognes dans un médaillon forme éventail sur branche de cerisier.

626 — Panneau en soie rose, offrant brodé en haut relief des personnages accompagnant une chimère et avec oiseau de paradis dans les airs.

627 — Objets omis.

9 782329 547084